Leif Gunnahr

Varför en Pfalzätt till Sverige?
Vad hände med Pfalzländerna?

© 2019 LEIF GUNNAHR

Förlag: BoD – Books on Demand, Stockholm, Sverige

Tryck: BoD – Books on Demand, Norderstedt, Tyskland

ISBN: 978-91-7699-852-6

Innehåll

Förord

Ibland blir det så, efter man gjort en resa, att intresse väcks för vad som upplevts. Man kommer hem och läser på lite mer om vad man upplevt.

Eftersom jag rest några gånger utmed och på Rehn, så kan man inte annat än beundra landskap med byar samt dom borgar och slott som klättrar på sluttningarna. Därtill att det kan vattnas i munnen, när man ser alla vinodlingar.

Nu blir det så, att under sommaren 2020, kommer jag än en gång, att färdas på Rehn. Ska ske mellan Basel och ända till Amsterdam och då med ett flertal stopp. Kan nog kallas en "historieresa".

Den här gången vänder jag på steken och småforskar lite i förväg kring området, som jag kommer att resa igenom. Dom flesta av oss känner ju till att vi haft en pfalziskt kungaätt, med dom berömda näsorna. Pfalz finns inte som ett klart avgränsat område. Men många hertingar av Pfalz har det ändå funnits. Då inom nuvarande Frankrike och Tyskland inklusive Bayern, längs Rehn.

Nu vill jag försöka ge svar på ett par frågor om pfalzätten i Sverige och om vad som hände med landområden här nere kring Rehn. De områden som hade svenskanknytning.

Det känns bra för mig att vara förberedd inför kommande resa. Och kanske kan boken vara till viss nytta för någon annan som tänker fara till dessa trakter ?

Tumba september 2019

Leif Gunnahr

DEL 1

VARFÖR EN PFALZÄTT TLLL SVERIGE?

Medeltida kontakter med Pfalz

Vi får nog börja med den inverkan som redan "kung byxlös", dvs. drottning Margareta, har i dessa frågor. Hon var såklart inte av pfalzisk börd, eftersom hon var dotter till danske kungen Valdemar Atterdag. Margareta var vår unionsdrottning och styrde över Danmark, Sverige och Norge, med början år 1389. Hon utsåg sin systerson Erik av Pommern, till efterträdare på tronen. Han utsågs till kung redan 1396, men man kan påstå att Margareta var den egentliga regenten till sin död 1412. Erik av Pommern var sedan vår kung till 1439, varefter han blev sjörövare från Gotland.

Läsare av ordning funderar nu med rätta vilken koppling detta har till Pfalzdynastin. Snart ser vi ett av sambanden till Pfalz.

Nu valdes Kristoffer av Bayern till unionskung över dom tre länderna, Danmark, Sverige och Norge. För Sverige skedde det 1441. Kristoffers mor var syster till Erik av Pommern.

Nu är vi, i och med Kristoffer av Bayern, nere i Pfalz. Släkten har nu nått Pfalz. Kristoffer föddes 1418 i södra Tyskland. Han var pfalzgreve vid Rehn och hertig av Bayern. Han dog redan år 1448.

Kristoffer av Bayern och pfalzgreve.

Det här kom att vara en av anledningarna till Sveriges kontakter till området här i södra Tyskland.

Men vad är nu då Pfalz? Först namnet, så kommer det från ordet palats, eller rättare från det latinska *Palatine,* som det heter på både engelska och franska. Och många palats finns det och har funnits i södra Tyskland. Den som åker på Rehn, får fortfarande se många sköna palats. Pfalz bestod historiskt av ett flertal, men inte sammanhängande områden på båda sidor om Rehn och i Bayern.

Men Pfalz finns inte heller idag som ett avgränsat område i Tyskland. Namnet Pfalz finns i förbundsstaten Rehnland-Pfalz. Sedan finns Oberpfalz, som är ett av det tyska förbundslandet Bayerns sju regeringsområden, beläget öster om Nürnburg med Regensburg som huvudstad. Det var härifrån, Neumark i Oberfpfalz, som vår kung Kristoffer av Bayern kom och som nämnts, var han pfalzgreve. På grund av honom kom det att bildas en personalunion med Pfalz-Neumark. Personalunionen fortsatte sedan via våra unionskungar Hans och Kristian II (Tyrann), som gifte bort en dotter till hertigen av Kurpfalz i början av 1500-talet. Ännu ett mått på våra historiska förbindelser med Pfalz.

Historiskt fanns även nämnda Kurpfalz kring Rehn, men som vartefter delades upp. Ett område kom då att kallas Zweibrücken. Och nu börjar vi närma oss varifrån vår pfalzdynasti på 1600-talet kom ifrån. Hertigdömet Pfalz-Zweibrücken bestod av ett antal osammanhängande områden på västra sidan om Rehn mitt emot Heidelberg.

Hertigdömet Pfalz-Zweibrucken tidigt 1600-tal. Gråskuggat.

13

Det handlar här om dom historiska pfalzländerna i den del av Europa som varit utsatt för flera krig. Om närliggande Elsass och Lothringen (på tyska), som "vandrat" mellan Frankrike och Tyskland genom århundranden. Idag ligger dom historiska pfalzländerna delvis i Tyskland och delvis i Frankrike. Så numera heter dom områdena Alsace och Lorraine på franska.

Vår Hertig Karl reser mot Pfalz

Men nu gör vi ett litet tidshopp till Gustav Vasas tid och hans barn Katarina, Anna och hertig Karl, dvs. blivande Karl IX.

Karl hade redan som 23-åring år 1573 börjat planera på en friarresa ner mot dom tyska furstehusen. Det låg i linje med vad hans far Gustav Vasa hade velat ske. Detta med prinsar och prinsessor för sina barn. Karl sände nu iväg sin sekreterare, Sven Elofsson, för att bereda vägen.

Friarresan kom sen att ske under åren 1577- 1578. Karls äldsta syster Katarina, som Karl alltid hade mycket god kontakt med var gift med Edzard II, greve av Ostfriesland. Ett besök hit till sin syster och svåger var självklart. Dom var bosatta i Aurich nära Emden i norra Tyskland. Nu kom man att ses efter att en tid av 16 år förflutit. Man dryftade bland annat äktenskapsplaner som tidigare brevledes hade underhandlats. Men det blev inget resultat av dessa, så Karl gav sig av söderut. Han var av den ganska sällsynta sortens kunglighet, som absolut ville se sin tillkommande. Annars var det inte ovanligt att man kunde trolova eller gifta sig på distans.

Nu bar det av ner till Karls syster Anna (1545-1610), som 1562 gift sig med Pfalzgreven Georg Johan av Pfalz-Veldenz. Dom hade slottet Lützelstein i Elsass, nuvarande La Petit Pierre i norra Alsace. Georg Johan hade efter Vadstenabullret, där han anträffades "med hosorna nere" hos Annas syster Cecilia, inte fått Cecilia till gemål. Det blev Anna i stället. Paret var inledningsvis stormrika. Erik XIV gav 300 000 gulden i brudskatt till Georg.

När Karl var i Frankfurt am Main, så fick han ett avgörande brev, kom det att visa sig. Han blev nämligen inbjuden till slottet Heidelberg av kurfursten Ludvig VI av Pfalz. Syster Anna hade säkert ett finger med i spelet. Självklart tackade Karl ja till inbjudan. Och nu skriver Karls sekreterare Sven:

Utöver det fröjdsamma umgänge som där mötte honom, fick han hug och behag till Kurfurstens dotter, vid namn Maria, till ålders 15 år gammal, en dygderik och dejelig fröken.

Heidelberg idag. Så stort var det inte på 1500-talet.

Maria av Pfalz var alltså 11 år yngre än Karl. Hon var född 1561.

Nu blev det förhandlingar om Marias hand. Svågern Georg Johan, släkting till Maria, var med vid förhandlingarna. Kurfursten ville dock fundera ett varv.

15

Då tog Karl tillfället i akt att resa runt i Pfalzländerna och utmed Rehndalen. Han utforskar kan man säga Rehndalen söderut. Han kom att besöka Strassburg, Basel, Schaffhausen, Koblenz och Zürich. Vidare hann han med att besöka hertig Hans av Pfalz- Zweibrücken och Ludvigs bror Kasimir i Kaiserslauten.

Karl skaffade sig alltså en god kännedom om Pfalzländerna och ett bra kontaktnät.

Han kom att färja över Rehn vid Neustadt och anlände Heidelberg 24 april 1578. Det blev ett ja från Kurfursten och då var saken klar efter att avtal om hemgift och livgeding nedtecknats med sigill. Det var ett omfattande livgeding med Gripsholms slott, Tynnelsö och Rävsnäs gårdar, Strängnäs stad med Åkers, Selebo och Daga härader samt Överhörna och Ytterhörna socknar.

Trolovningen ägde rum snabbt därpå, kl 08.00 den 5 maj. Sedan rask hemresa för Karl, passerande syster Kristina med den goda nyheten, och sedan till Nyköping. Bröllopet ägde rum i Heidelberg ett år efter trolovningen, den 11 maj 1579. Hertig Karl reste nu med en stor stab på 122 personer och 116 hästar. Han lärde sannerligen känna Pfalz och deras hertigar och kurfurstar. För det var ett bröllop med närvaro av dom flesta betydande personerna i Pfalzländerna. Det kom att ha en framtida betydelse för den kommande svenska Pfalzätten.

Hertigparet reser åter till Pfalz

Men det kom snart att bli en ytterligare resa ner till Heidelberg. Marias mor hade avlidit och hennes far Kurfursten Ludvig skulle gifta om sig. Nu kom det att bli ingifte mellan Pfalz- och Vasasläkt igen. Ludvigs brud var nämligen Anna 16 år, dotter till greve Edzard och Katarina från Ostfriesland. Ludvig var nu 44 år. Denna unga Anna var alltså Gustav Vasas dotterdotter och hertig Karl var hennes morbror. Banden med Pfalz knöts än hårdare.

Maria var höggravid när hon med man och följe reste ner till Heidelberg till bröllopet. Mars 1583 födde hon en son, som fick namn efter hennes far, Ludvig. Pojken avled dock efter ett par månader och ligger begravd i slottskyrkan i Heidelberg. Hade han, som var deras förstfödde son, fått leva ett vuxet liv, så hade det varit naturligt att han blivit kung efter Karl IX. Då i stället för Gustav II Adolf och vi hade fått den första kungen med Pfalzblod via Maria av Pfalz.

Sorger över förlorade barn

Sedan hemma i Sverige, Nyköping, så fick hertig Karl och Maria totalt 10 år tillsammans. Lyckligt äktenskap vad man förstår, men med sorger över förlorade barn. Maria födde inalles sex barn, men bara ett kom att få ett vuxet liv. Karl skriver av sig på knittelvers om sin sorg över bortgångna barn. Maria födde sitt sista barn tre månader innan hon själv dog 29 juli 1589, på Eskilstuna slott, endast 28 år gammal.

Om Maria, kan nämnas att hon ofta var sjuklig och dessutom lite snedväxt. Oftast var hon gravid under sitt vuxna liv. Hon hade en förmåga att mildra Karls häftiga humör ibland och det förekom att folk vände sig till henne för att via henne få sin sak prövad hos hertigen.

Som bevis på sin kärlek så uppkallade Karl en nyanlagd stad till Mariestad samt kungsgården Marieholm efter sin hustru, inom västgötska delen av hertigdömet.

Hon hann inte bli drottning av Sverige, men utan att själv veta om det så blev hon faktiskt början till vår Pfalziska kungasläkt i Sverige. Hon hade ju ett överlevande barn, Katarina Karlsdotter Vasa, född 10 november 1584 på Nyköpingshus.

Johan Kasimir, 1589-1652

Vi väntar med Marias dotter Katarina en liten stund, för att snart återvända. Vi vänder oss först till Pfalz igen.

År 1589 föddes Johan Kasimir, som var son till Johan I av Pfalz-Zweibrücken och Magdalena av Julich-Kleve-Berg. Han växte upp på slottet Zweibrücken. Familjen var kalvinister och då starka motståndare till katolicismen och deras förföljelser i grannländerna. Man hade öppnat sig för flyktingar och emigranter. Att man var kalvinister kom att ha betydelse för Johan Kasimirs kommande sverigeflytt.

Johan Kasimir kom som sextonåring till sin släkting Kurfursten Fredrik IV i Heidelberg för studier. Fredrik var bror till Maria av Pfalz och alltså svåger till vår Karl IX.

År 1610 blev han hemkallad efter att hans far avlidit några år tidigare. Han var nu efter tidens mått, välutbildad militärt och politiskt. Men eftersom han hade en äldre bror, så var han ändå en fattig furste utan något egentligt land. Hans enda egendom bestod av lilla Neukastel med en gammal borg och fyra byar. Inkomster från detta var inget vad en Pfalzfurste ansåg sig behöva. Nu återstod att gifta sig rikt. Vasaprinsessorna hade ju varit lönande affärer. Blickarna vände sig mot Sverige. Dessutom så blossade religionsstrider upp i närheten, vilket kunde innebära ett välbehövligt politiskt stöd från Sverige.

Johan Kasimirs Pfalzsläktingar blev nu överens om att sända Johan Kasimir till Sverige. Det fanns två viktiga skäl till resan. Den ena var politiken och det andra var frieri för att erhålla prinsessan Katarina Vasa, och därmed hennes förmögenhet. Han var faktiskt syssling med Katarina. Så sommaren 1613 gav sig Johan Kasimir iväg på sin friarresa mot Sverige. Det blev en tuff resa med bland annat i träsadel inom Sverige.

Johan Kasimir   Katarina Vasa

Katarina Vasa, 1584-1638.

Katarina var prinsessa och som nämnts dotter till Karl IX och Maria av Pfalz. Hon blev moderlös vid fem års ålder 1589 och hennes uppfostran sköttes först av hennes hovfröken. Sedan efter att far Karl gift om sig, med Kristina av Holstein-Gottorp år 1592, så fick Katarina sin uppfostran av henne. Katarinas personlighet beskrivs som en blandning av faderns "kraft och klokhet" och moderns "mjuka godhet". Hennes halvbroder, som 1611 efterträdde deras far som kung, Gustav II Adolf, ansåg henne vara intelligent och värdesatte hennes råd.

19

Katarina och Johan Kasimir med bröllopsbesvär

När så Johan Kasimir på sin friarresa till Sverige väl var framme i Nyköping, så fanns inte några kungligheter där. Varken nu kung Gustav II Adolf, eller Karl IX:s, numera änkedrottning Kristina (Karls andra hustru). Och inte då heller prinsessan Katarina. Det var bara att fortsätta till Stockholm, men där fanns dom inte heller. Efter en tid så begav han sig till Gripsholm och fann här änkedrottningen och prinsessan Katarina. Kung Gustav II Adolf var vid denna tid och krigade på andra sidan Östersjön.

Johan Kasimir omtalas som trevlig, lättsam och vann oftast gillande i sin omgivning, vilket innebar att han kom på god fot med damerna. Snabbt kom frieriet på tal. Men Katarina avböjde. Efter en tid så meddelade hon, att kanske ändå det skulle kunna vara möjligt att acceptera frieriet. Änkedrottningen var positiv, men så var det då detta med Johan Kasimirs dåliga ekonomi. Men Johan Kasimir utlovade att han avsåg köpa fler egendomar i Pfalzområdet och att hans bror säkert skulle stödja honom. Nu accepterade änkedrottningen frieriet.

Nu gällde det att få kung Gustav II Adolf med på noterna och vid juletid träffades man på Västerås slott. Först frågade Johan Kasimir om han kunde få göra krigstjänst i Sverige. Dock nekades han till det. Sedan kom frågan om Gustav kunde tänkas bli Johan Kasimirs svåger. Frieriet blev också till ett nej. Sverige hade fått nog med att försörja tyska furstar och grevar genom att betala dyra bröllop och skyhöga brudskatter. Man hade ju Älvsborgs lösen på 1 miljon riksdaler silvermynt att betala till danskarna, för att få behålla fästningen.

Men Johan Kasimir blev inbjuden till att övervara julen med kungafamiljen. Och nu ändrade kungen sig. För om Johan Kasimir kunde försörja Katarina på samma sätt som faster Anna försörjdes nere i Pfalz med avkastande gods och gårdar, som genererade 5000 gulden om året, så skulle det kunna bli äktenskap. Det kunde inte Johan Kasimir lova. Förhandlingarna drog ut på tiden. Axel Oxenstierna var emot äktenskapet. Axel ansåg att det skulle bli dyrt för Sverige och så var detta med friarens kalvinistiska tro. Religionstillhörighet hade stor betydelse vid den här tiden.

Nu svängde förhandlingarna om Katarinas hand. Nu började kungen i stället kräva medel och garantier av Johan Kasimir. Kungen skrev till den nya kurfursten av Heidelberg, Fredrik V, och ville veta hans inställning till äktenskapet. Johan Kasimir skulle också resa hem och förbättra sin ekonomi för att sedan återkomma. Kungen lovade acceptera äktenskapet om kurfursten också gav sin accept. Vidare skulle Johan Kasimir garantera en morgongåva på 5000 gulden och ett årligt livgeding till Katarina på samma summa.

Efter att Johan Kasimir varit i Sverige nu ganska precis ett år, så återvände han hem för att bearbeta sin familj. Detta var nu inte vad familjen väntat sig och man var tveksamma. Men till slut så enades man att stötta Johan Kasimir, för en allians med Sverige var attraktiv. Man samlade ihop till morgongåvan och brodern skulle förläna Johan Kasimir gods och stå för Katarinas livgeding.

Nu kunde då Johan Kasimir resa åter till Sverige igen. Han kom till Kalmar i juli 1614. Nu såg det först ut att gå som på räls och bröllopsdag fastställdes, men den kom att ställas in. För nu grep Axel Oxenstierna in i förhandlingarna. Katarina var genom sina föräldrars testamente och lagen om svenska prinsessors hemgift, en av Sveriges största fordringsägare vid en tidpunkt då landet befann sig i ett svårt ekonomiskt läge, och paret blev därför kvar i Sverige för att bevaka sina intressen. Flera frågor togs upp av Axel, och det var en fråga som Johan Kasimir inte kom förbi. Det var frågan om att det inte kunde bli aktuellt med någon brudskatt till Johan Kasimir förrän Älvsborgs lösen var betald. Det var en klar motgång för Johan Kasimir, men det var bara att acceptera. I den viktiga trosfrågan överenskoms att barnen från äktenskapet skulle uppfostras i den lutherska läran.

Bröllopet ägde till slut rum den 11 juni 1615, ungefär ett halvår försenat. Det var ett storslaget bröllop med tornerspel och med delegater från Pfalz. Nu fick man besked om att Johan Kasimir fått ärva en del av ett hertigdöme från hans mors sida. På bröllopsdagen kunde han nu presentera sig som:

"av Guds nåde pfalzgreve vid Rehn, hertig i Bayern, till Jülich, Kleve och Berg, greve till Veldenz och Sponheim, Mark och Ravensburg, herre till Ravenstein".

Man kunde inte resa mot Pfalz förrän Katarina samlat ihop sina tillgångar, Trots att brudskatten inte ännu utbetalts så var Katarina förmögen. Tex 12000 gulden från mor Marias brudskatt, 24 000 riksdaler som ersättning av arvegods, lösöre, smycken och kläder. Det tog dem cirka två och ett halvt år och under tiden bodde dom mestadels på Västerås slott. Sitt första barn, Kristina, fick man år 1616. Hon föddes på Nyköpingshus.

Januari 1618 var allt äntligen klart för avfärd. Rikedomarna packade och det bar iväg mot Tyskland. Efter att nu Johan Kasimir tillbringat över fyra år i Sverige kom han med sitt vinnande sätt att bli god vän med kungen Gustav II Adolf och änkedrottningen Kristina efter Karl IX. Till och med Axel Oxenstierna hade mjuknat inför en, som han tyckte, bildad och intelligent person.

Paret Johan Kasimir och Katarina vistas i Pfalz några år.

Resan ner till Pfalz tog nästan ett halvår. Framme var man försommaren 1618. Katarina var höggravid och födde snart en son, Karl Fredrik, i Meisenheim, dit man först anlände. Där bodde Johan Kasimirs mor. Här bor man ett tag, för nu börjar det krångla med Katarinas livgeding, som hon utlovats. Men den frågan blir inte löst. Sedan nästa fråga, var ska man bo? Johan Kasimirs gamla medeltida borg i Neukastel var inte aktuell. Förfallen och ansågs även för liten. Men till sist bestämdes ändå att paret tills vidare få disponera ett litet underhållsland, Kleeburg med ett litet medeltida slott. Brodern skulle sälja några närliggande byar till paret. Slottet ansågs dock för litet och var dåligt underhållet.

Kleeburg eller numera Cleebourg, som det heter idag på den franska sidan i Alsace.

Så 1619, satte Johan Kasimir igång med att bygga en för tiden ett modernt och stort slott. Beläget på en slottsruin ovanför byn Birlenbach, som han köpt med egna eller Katarinas pengar. Slottet fick såklart namnet Katharinenburg efter Katarina. Johan Kasimir ritade själv hur slottet skulle se ut och fungera. Många av hans ritningar och skisser finns fortfarande bevarade. Dock inte slottet, som är borta.

23

Pfalzgreven byggde inte bara slott utan var nu politiker och militär samt arbetade för samarbetet mellan de tyska protestanterna och Sverige. Han reste till Sverige år 1620 i sådana förhandlingar, dock utan bra resultat. Samma år kom kung Gustav II Adolf på besök ner till Pfalz. Han hade varit i Berlin och kikat på prinsessan Maria Elonora av Brandenburg. Gustav besökte Heidelberg, där hans fars första hustru Maria kom ifrån. Vidare till Kleeburg och man kom att bo på Katharinenburg, som nu var beboeligt.

Ett modellbygge av Kathatrinenburg utförd av Riksarkivet

Men 30-åriga kriget hade brutit ut och det började kännas bränt under fötterna för Katarina och Johan Kasimir. Strider förekom mellan olika trosuppfattningar och kurfursten av Pfalz förklarades fredlös av påven. Nu var det risk för att Pfalz kunde bli stormat av katolska trupper. Som inte varande katoliker, tvingades familjen redan år 1621 att fly till Strassburg. Johan Kasimir for nu till Heidelberg för krigsplanering.

Pfalzfamiljens flytt till Sverige

Kung Gustav II Adolf kom i detta läge att erbjuda Pfalzfamiljen att komma till Sverige. Förutom deras säkerhet, så hade den en gång stora Vasafamiljen krympt till endast kungen och drottningen. Så det blev viktigt att få hem systern Katarina med familj, som anlände Sverige år 1622.

Var skulle man nu då bo? Så lägligt att hertig Johan av Östergötland, kusin till kungen, just dött och även hans maka. Man kunde nu då få disponera det kungliga slottet Stegeborg efter dem. Man var ju kungens gäster och brudskatten var ännu inte utbetald, så det var fritt att disponera det fina slottet mitt i Slätbaken och i inloppet till Söderköping. Man fick då Stegeborg som pantlän för den obetalda skulden.

Stegeborg avtecknat år 1690.

Stegeborg sommaren 2019. Ruiner återstår av det stora slottet.

Familjen hade inte alls tänkt att bli kvar så länge i Sverige. Man hade magasinerade arkiv och lösöre i "säkra valv" i Strassburg och på slottet i Weisenburg. Men så blev det aldrig. Man kom att stanna här i Sverige och Johan Kasimir kom så småningom att dö på Stegeborg.

Stegeborgs pantlän bestod av, förutom Stegeborg, även Bråborg slott med kungsgård vid Bråviken nära Norrköping. Dessutom av de relativt nyuppförda slotten Skenäs och Rönö, vilka donerats av Gustav II Adolf.

Man kom dessutom att med egna medel förvärva gårdar ända ner i norra Småland och fick inkomster från Tjust och Tuna län. Inkomsterna var betydande och inklusive skatteintäkterna från Småland , så inbringade man 22 000 skattefria daler silvermynt per år.

Paret levde gott på Stegeholm och levde på ett furstligt vis. Man hade 60 tjänare och det serverades måltider vid åtta bord efter rang. Det beskrivs att det var 16 rätter per måltid , tre gånger dagligen. Men ölen var ransonerad till 1,3 liter per måltid samt 1,3 liter till natten.

Parets leverne i Sverige

Kungen hade tidigt uttryckt att Johan Kasimir var hans bäste vän. Därför kom Johan Kasimir, trots att han inte var svensk medborgare att få mycket viktiga uppdrag.

Han var delaktig i att få den militära organisationen att fungera bättre. 1625 kom han att bli överbefälhavare för hela krigsmakten inom landet, med utskrivningar, mönstringar och utrustning.

Vidare så när Gustav II Adolf 1630 kastade sig in i 30-åriga kriget, så blev Johan Kasimir skattmästare, vilket idag motsvaras av finansminister. Han var denna tid stationerad på olika ställen i Sverige som Kalmar slott, Älvsborgs slott. Och han flyttade även in en tid på Stockholms slott.

Kungen stupade som bekant år 1632 och det blev en vändpunkt för Johan Kasimir. Han försköts av adeln inklusive Axel Oxenstierna. Man ville inte se en främmande furste som var med och styrde Sverige. 1634 miste Johan Kasimir sina sista uppdrag och drog sig förbittrad men stolt tillbaka till Stegeborg.

Men hustru Katarina då, vad gjorde hon? Hon födde barn såklart, vilket var att betrakta som en uppgift. Det kom att bli totalt åtta stycken, varav fem nådde vuxen ålder.

Katarina festklädd.

Eftersom kungen Gustav II Adolf hade ett stort förtroende för sin halsyster Katarina, så kom hon att få uppdraget att ansvara för uppfostran av hans dotter prinsessan Kristina. Dvs blivande drottning Kristina. Katarina fick flytta upp till Stockholms slott, när hennes yngsta barn var ett år, för ta hand om Kristina. För nu skulle drottning Maria Elonora ner till Tyskland och hälsa på sin make, krigarkonungen Gustav II Adolf. Dom träffades också nere i Tyskland och Maria Elonora fick vid sin vistelse i Erfurt beskedet om Gustavs död. Med på den resan var Katarinas 15-åriga dotter, som hovdam.

År 1634, när Maria Elonora tillsamman med liket efter den stupade kungen kom hem till Sverige, lämnar Katarina uppfostranansvaret för prinsessan Kristina, som nu är sex år gammal. Utifrån Maria Elonoras, minst sagt labila tillstånd, så bestämde riksråden senare, när Kristina var 10 år att Katarina skulle återuppta ansvaret för prinsessans uppfostran. Drottningen ansågs olämplig med ett fördärvligt inflytande på Kristina. Det innebar att Kristina även kom att bo på Stegeborg under sin barndom. Hon kom bland annat att lära känna Kasimirs och Katarinas äldste son, Karl Gustav, som kom att bli vår förste pfalzkung Karl X Gustav. Prinsessan Kristina, född 1626, var bara fyra år yngre än Karl Gustav. Han kom även under sina första elva år, tidvis vara bosatt i Stockholm vid hovet.

Ett par barn till kan nämnas förutom den blivande kungen. Först Maria Eufrosyne av Pfalz (1625-1687), gift med Magnus Gabriel De la Gardie. Dom blev stormrika som gunstlingar till Kristina, men blev efter Karl XI:s reduktion "fattiga" med bara två slott. Sedan Adolf Johan av Pfalz (1629-1689), riksmarskalk, som gjorde karriär så länge hans bror var kung, dvs Karl X Gustav , men sen såg den svenska adeln till att det gick utför och han slutade utfattig på sitt ärvda Stegeborg. Så utfattig så att inte ens inventarierna blev kvar. Fodringsägarna la beslag på allt.

Under tiden Kristina bodde på Stegeborg, var hon formellt Sveriges regent. Men fram till hennes 18-årsdag fanns där en förmyndarregering ledd av familjen Oxenstierna.

Ett par år efter Kristina kom till Stegeborg så dör Katarina , men inte på Stegeborg, utan på Västerås slott.

Johan Kasimir bor kvar på Stegeborg, men är av högadeln, som nämnts, fråntagen alla uppdrag. Han vill inte betrakta sig som svensk och det vill ingen annan heller. Han kallades även av drottning Kristina för "utlänning".

Under 1640-talet försökte han ideligen få överta Stegeborg som ett ärftligt län, och han försökte få sina barn accepterade som svenska arvfurstar och prinsessor. Han lyckades med Stegeborg, år 1651,men att hans barn skulle få bli svenska undersåtar, det misslyckades han med. Undantaget son Karl Gustav, som skulle bli svensk kung.

Johan Kasimir avled 1652 och begravdes med stor pompa och ståt i Strängnäs domkyrka bredvid sin Katarina.

Paret fick aldrig uppleva att sonen Karl Gustav blev svensk kung.

Drottning Kristinas överlämnar kronan till Karl Gustav.

Kristina blev regerande drottning år 1632, först som nämnts med förmyndarregering fram till 1644. Hon abdikerade år 1654.

Mycket har skrivits om Kristina. Hennes ovilja att gifta sig och skaffa arvingar. Hennes oerhörda svek att konvertera till katolik och utvandra till påvens Rom. Hennes slöserier med förläningar kors och tvärs. Hon sålde mycket av kronans mark, och aldrig har Sverige fått så många nya adelsätter som under hennes tid.

Kristina kom att ha ett stort tryck på sig att gifta sig och skaffa kunglig arvinge. Efter att hennes far, Gustav II Adolf stupat och begravts, så böjade tankar och förslag komma att prinsessan Kristina mycket väl kunde komma att gifta sig med Karl Gustav, även om dom faktiskt var kusiner.

Den franske ambassadsekreteraren Charles Ogier ansåg att de unga tu mycket väl skulle kunna gifta sig. Pfaltzarna bevakade också samma möjlighet. Tex så var Johan Kasimir starkt bekymrad över att änkedrottning Maria Elonora av Brandenburg hade fört fram en annan kusin till Kristina som en passande make. Det var den brandenburgska tronföljaren Fredrik Wilhelm. Senare ska den virriga Maria Elonora ha gett besked till en brandenburgs kurir, ett löfte till Johan Kasimir, att Kristina och Karl Gustav skulle bli ett par.

Vidare så skriver även riksamiralen Karl Karlsson Gyllenhielm till Johan Kasimir, år 1640, med stor förhoppning att : *"vår nådige drottnings, samt hans furstliga nådes, Karl Gustavs efterkommande måtte i Sveriges blomstra och regera , allt intill världens slut"*.

Men man kan undra vad huvudpersonerna själva tyckde?

Kristina skrev redan som elva–tolvåring till Karl Gustav, och då som en god vän och avslutar sina brev med att hon livet ut ska vara hans trogna kusin. När hon sen i sexton-sjutton årsåldern skriver till honom så ändrar breven karaktär och bedyrar sin trohet intill döden och att han inte ska oroa sig för att det brandenburgska frieriet, som dykt upp igen. Hennes kärlek till Karl Gustav är så stark att den aldrig ska upphöra. Men hon ber honom att inte offentligt begära hennes hand förrän hon blivit regent.

Efter Kristinas trontillträde 1644 så kunde pfalziska kretsen glädjas åt att Kristina förklarat Karl Gustav sin kärlek. Men breven från Kristina till Karl Gustav började snart sina och när man närmare träffades på en gemensam resa till Kopparberget år 1646, så märkte Karl Gustav att hennes intresse för honom verkligen hade svalnat. Med hjälp av släkt och med egna förhandlingar försökte han övertala Kristina till att fullfölja utlovat giftermål. Karl Gustav ska ha berättat att drottning Kristina nu förklarade att hon värderade honom som en duktig karl. Men om hon gifte sig med honom , så skulle det helt och hållet bara vara av statsskäl och inte av kärlek.

Successionen var nu i fara och Karl Karlsson Gyllenhielm lade nu, under senare delen av 1646, fram en plan. Först och främst ansåg han att de tu var ett lämpligt par och mycket väl kunde gifta sig. Men i planen fanns alternativet att Kristina inte ville gifta sig och då skulle man ändra i tronföljdsordningen från år 1604, för att , som han skriver: *"dirigera successionenen in på vissa linjer och familjer"*. Och då måste han ha avsett till den pfalziska släkten.

Det blir inget giftemål mellan Karl Gustav och Kristina . Vänskapen består och han befordras och erhåller rätt att uppbära kronans skatter från norra Södermanland. Han är nu ute i Polen och Danmark och krigar, men hinner också med att ha ett flertal kvinnoaffärer. Det blev flera utomäktenskapliga barn, varav endast Gustav Carlsson erkändes och placerades hos familjen Karl Karlsson Gyllenhielm och hans hustru Kristina Ribbing. Denne Gustav kom att upphöjas till greve av sin halvbror Karl XI och gjorde en strålande militär karriär och blev nederländsk generallöjtnant.

Kristina var nu taktisk. Inför en riksdag 1649, så höll hon överläggningar med riksrådet, och ständernas utskott, där hon ville tydliggöra att om hon överhuvudtaget skulle gifta sig, så var det med pfalzgreven Karl Gustav. Däremot skulle ingen kunna tvinga henne att gifta sig. Därför föreslog hon nu genom Bengt Skyttes uppläsning att utse Karl Gustav till tronföljare. Så beslöt nu riksdagen den 10 mars 1649.

År 1650 vid Kristinas kröning lät hon meddela och fick adeln med sig att utse sin kusin Karl Gustav som tronarvinge och arvfurste. Det under förutsättning att hon inte fick några egna livsarvingar.

Men efterföljande år, augusti 1651, lät hon meddela att hon bestämt sig för att abdikera. Riksråden häpnade och övertalningsförsök inleddes.

Kristina angav ett antal skäl till att avgå, men ett var att det behövdes en karl på regentposten. Hon angav att landet behövde *"en karl och en capiten därhos som i krig kunde sätt sig till häst och fäkta för dess försvar, därtill en kvinnoperson är incapabel"*.

Som känt, så fanns inte kvinnlig värnplikt vid denna tid !

Övvertalningsförsöken ser ut att lyckas eftersom hon november 1651 tar tillbaka sitt beslut och förblir drottning en tid. Dock planerar hon en flykt från Sverige.

Karl Gustav vistas vid den här tiden på Öland och han ägnar sig åt dryckenskap och frosseri. Avbildas nu ordentligt rund om magen. Dessutom är han, som nämnts, över måttan fötjust i kvinnor. Han misströstar och tror nu i början av 1650-talet att det ska dröja länge innan han eventuellt får bestiga tronen. Men år 1654 den 6 juni, vid en riksdag i Uppsala så abdikerar Kristina och arvfursten Karl Gustav utropas till Sveriges konnung. Nu till Karl X Gustav, och kröns samma eftermiddag av ärkebiskopen.

Så, efter denna krokiga väg, fick vi då den första regenten av den Pfalziska ätten.

 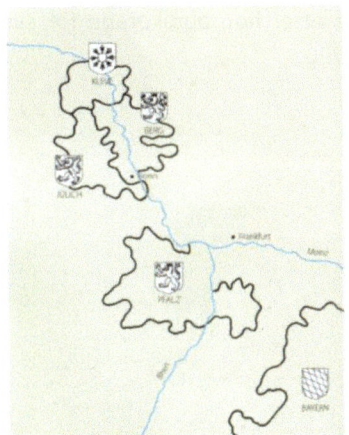

Pfalziska vapnet 1654—1720

Vapnet består av en fyrdelad sköld och i mitten en hjärtsköld. Denna visar Pfalz gyllene lejon i ett svart fält. De fyra fälten betecknar Bayern (den rutiga)samt tre av Rhenlandets hertigdömen : Jülich, Kleve och Berg.

Vi fick nu fram till och med år 1720 fyra regenter av Pfalzisk ätt:

Karl X Gustav regerade 1654 – 1660

Karl XI regerade 1660 – 1697 men med förmyndarregering 1660 – 1672.

Karl XII regerade 1697 – 1718

Ulrika Elonora d.y. , syster till Karl XII, regerade 1718 – 1719, varefter hon abdikerade för sin make , Fredrik I, som tillträdde år 1720.

DEL 2

VAD HÄNDE MED PFALZLÄNDERNA ?

Ätten utökar och bygger i Pfalz

Många turer kom det att bli innan relationerna och ägandet av egendomarna inom Pfalz försvinner ur vår Pfalzätts händer. Det kommer att pågå intressekonflikter långt in till slutet av 1700-talet.

För att utgå från Karl X Gustav, så var hans farfar pfalzgreven Johan I av Zweibrücken, som vid sin död 1604 efterlämnade till sin yngste son Johan Kasimir endast slottet Neukastel. Det var den äldste sonen , som ärvde pfalzgrevskapet Zweibrücken. Så Johan Kasimirs titlar som pfalzgreve vid Rehn och hertig i Bayern, var endast markering av arvsrätt. Att sedan Zweibrücken mot slutet av 1600-talet kom att bli kungligt svenskägt blir här en "cliffhanger".

Hertigen och pfalzgreven Johan Kasimir och hans hustru prinsessan Katarina Vasa ägde egendomar nere i Pfalzområdet som man lämnade och kom till Sverige 1622, när oroligheterna kröp närmare och närmare. Man kom aldrig att återvända till sina tyska länder. Dom sköttes på distans med svårighet, på grund av rådande krig som här drog fram och tillbaka. Under Johan Kasimirs livstid härjade spanska, kjeserliga, svenska och på slutet franska trupper här i Neukastel och Kleeburg.

Dom svenska trupperna hade inte varit nådiga och okuperade Pfalz-Zweibrücken 1635 och terroriserade befolkningen, trots anknytningen till den svenska kungafamiljen. Först efter 30-åriga krigets fred år 1648, så blev här lugnt en tid. Stora delar av Pfalz var nu franskt och furstarna konverterade till katolisismen och erkände den franske kungen.

Kleeburg och Katharinenburg ligger idag i Frankrike. Nu när lugnet infunnit sig så kom såväl Johan Kasimir som sonen Karl Gustav, som kom att bli vår kung Karl X Gustav, att köpa på sig gårdar och mark i Pfalzområdet. Familjens domäner växte nu så att dom kom att delas i två sk "amt". Den ena bestod av Kleeburg, som var en förläning under Pfalz-Zweibrücken. Den andra kallades Unteramt Katharinenburg och det betraktades som ett privat gods. Alltså vår blivande kung kom att ha privat egendom nere Pfalz och det kommer att innebära arvsrätt framöver i över 100 år.

Slottet Katharinenburg som byggdes 1619 kom att plundras och brännas under 30-åriga kriget. Renoverades 1670, men förstördes 1755 igen. Nu finns inget kvar annat än en minnessten.

Byarna i närheten av läget för Katharinenburg och det forna Amt Kleeburg kallas fortfarande för Schwedendörfer och invånarna för Schwedenbauern.

Både Karl Gustav och hans yngre bror Adolf Johan gör under 1640-talet var sin grand tour i Europa, vilket ingår i en högtättads utbildning. De besöker sina släktingar och reser genom sin fars, Johan Kasimirs, underhållsländer i Pfalz. Man håller sig ajour om familjens egendomar.

När Karl Gustav förklarats arvprins för att efterträda drottning Kristina, så får Karl Gustav Öland i förläning av henne år 1651. Han vistas stadigvarande på Öland före det att han blir kung och restaurerar Borgholms slott till mycket gott skick.

Adolf Johan bor kvar på Stegeborg. Han blir så småningom en katastrof för sin familj och blir totalt utblottad och hans barn kommer att lyckas rymma från Stegeborg. Men till slut, med Karl XI:s hjälp så rätar det det upp sig för barnen och bla kommer en dotter Katarina, att gifta sig med sonen till Pinntorpafrun, Beata von Yxkull. Här på Ericsberg i Södermanland kallas hon "förstinnan", för hon är Katarina av Pfalz-Zweibrücken. Men hon kommer att få en än finare boning under sin sista levnadtid. Hon tilldelas nämligen det kungliga slottet Gripsholm.

Men tillbaka till Pfalz. Kleeburg hade Johan Kasimir, som nu dör 1652, haft till låns. Men det hade med tiden blivit en ärftlig förläning. Det innebar att det kunde ärvas av den förstfödde sonen. I detta fall den snart blivande kungen Karl X Gustav. Men vid tronbestigningen, 1654, låter han sin bror Adolf Johan överta Kleeburg.

Men med underamtet Katharinenburg med byarna däromkring var förhållandet annorlunda. Dom var inköpta av Johan Kasimir och Karl Gustav. Så det var privat arvegods. Vartefter nu far och son vartefter dör så plötsligt har den lilla sonen till Karl X Gustav, gossen Karl XI ärvt denna egendom. Sker nu år 1660.

Rättshaveristen Adolf Johan och kungar som ärver.

Nu träder nämnde Adolf Johan in i handlingarna här nere i Pfalz. Han som vid denna tid har ratats av adeln i Sverige trots att att var Karl X:s bror. Så, med familj, flyttar han 1665, ner till Pfalz för att försöka med en ny karriär. Han har tänkt sig att bo på Katharinenburg.

Adolf Johan av Pfalz-Zweibrücken

Adolf Johan försökte nu komma över det privatägda Katharinenburg. Det på en lite krokig väg. Adolf Johans systerdotter Christina av Baden-Durlach hade gift sig och i bröllopsgåva fått 10 000 riksdaler av den omyndige kusinen Karl XI. Dock blev det inte i reda pengar utan i en form av inteckning i Katharinenburg. Förmyndarregeringen ansåg sig inte ha råd med kontanter. Adolf Johan erbjöd nu sin systerdotter att betala henne den utlovade summan för att överta inteckningen och även förvaltningen. Så överenskoms också, men genomfördes inte. Han betalade inte henne och hon hade kvar sin inteckning.

Men under tiden 1665- 1669 , när familjen vistades i Pfalz så lät han rusta slottet och man bodde här de sista två åren. Men Adolf Johan lyckades med ett flertal dåliga affärer med tillhörande ovänskaper, under dessa fyra år. Han bytte tex bort Neukastel till sin kusin Fredrik Ludwig, mot en senare värdelös inteckning i det Guttenbergska arvet. Så försvann Neukastel.

Det värsta tilltaget av Adolf Johan var dock det regelrätta anfallet mot greve Ludwig i Oberbronn / Rixingen. Adolf Johan hade gjort en affär med inköp av mark kring staden Rixingen i Elsass och blir fransk undersåte. Köper för drygt 120 000 riksdaler. Handpenning betalades med 12 000 riksdaler och han ville nu börja beskatta invånarna här. Men säljaren motsatte sig det och ansåg rätteligen att först skulle hela köpeskillingen erläggas. Det blev nu en sådan allvarlig tvist , så Adolf Johan började anställa legoknektar, gamla soldater från 30-åriga kriget. Antalet lär ha varit ca 200 knektar. Förhandlingar inleddes med greve Ludwig på Oberbronn, men utan resultat. Så det blev ett anfall på Oberbronn. Ludwig hann smita. Men slottet intogs av legoknektarna och nu ville man ha betalt. Adolf Johan hade som vanligt inga pengar, knektarna gav sig av till Katharinenburg för att få ut så mycket som var möjligt.

Det blev rättegång, kejsaren varnade Adolf Johan. Det var brott mot rikets fred. Kejsaren beslutade att Adolf Johan skulle återlämna allt som stulits, men det låg ju nu i knektarnas händer.

Det var dags att återvända till Sverige och Stegeborg för att slicka sina sår. Men han kom att återvända till Pfalz för att göra bort sig ytterligare.

Återkommen till Stegeborg så föds en son Gustav Samuel år 1670. Han kommer att få betydelse för pfalzegendomarna och därmed ägandet. Paret Adolf Johan och makan Elisabeth fick nio barn varav fyra klarade sig till vuxen ålder.

Sju år efter att Adolf Johan fått förvaltningen av Katharinenburg, dvs 1673, och efter det att rapporter därifrån om att bönderna där var utarmade så tog Karl XI tag i saken. Han utnyttjade sin rätt att lösa inteckningen , eftersom Adolf Johan inte hade gjort rätt för sig och betalat bröllopsgåvan för systerdottern. Likaså fråntogs Adolf Johan nu förvaltningen av Katharinenburg. Alltså ägdes slottet nu full ut av Sveriges kung Karl XI.

Men nu snart kom det att uppstå ett "arvskrig" om Pfalz-Zweibrücken. Adolf Johan har nu kommit till insikt om att han inte har sin kusin, Kung Karl Xi, som sin vän längre och inte vill göra honom till svensk. Han betraktas som utlänning och får inga befattningar i Sverige.

Så, 1676, tar Johan Adolf strid om Pfalz –Zweibrücken och reser ner till Pfalz .

I samband med 1604 års arvdelning hade huvuddelen av Pfalz-Zweibrücken (själva Zweibrücken) tillfallit Johan Kasimirs äldste broder Johan II (d. 1635) och en annan del, Landsberg, övertagits av brodern Fredrik Kasimir (d. 1645). De båda delarna återförenades 1661, när Fredrik Kasimirs son Fredrik Ludvig ärvde Zweibrücken. Och nu förhöll sig så att regerande pfalzfursten Fredrik Ludwig hade förlorat sin siste son och arvsfrågan kom att bli aktuell. Arvsreglerna stadgade att äldste sonen ärvde i första hand. Därefter till hans bröder. Fanns det ingen son att tillgå, så gick landet till den avlidnes brorssöner och därefter till kusiner och tremänningar. Utifrån detta så planerade Fredrik Ludwig att lämna över landet till sin äldste farbrors sonson. Det råkade nu då vara Sveriges kung Karl XI.!

Rättshaveristen Adolf Fredrik och samtidigt farbror till Karl XI, kom nu att hävda sin rätt till att ärva Pfalz-Zweibrücken . Han anser att som varande kusin har han företräde framför Karl XI. Nu försöker han närma sig Ludwig Fredrik i arvsfrågan och träffar kejsaren som nu besökter Linz och bad om att driva frågan i Wiens kejseriga hovrätt. Kejsaren vill dock först höra sina allierade furstars åsikt. Men snart tillstyrker Nederländerna Adolfs Johans förslag och nu plötsligt handlar det om europeisk storpolitik. Frankrike blev involverat. Till saken hör att hertigdömet drabbades av den franske kungen Ludvig XIV:s expansionspolitik via de så kallade reunionskamrarna (domstolar som "dömde" området till Frankrike) och kontrollerades av fransmännen mellan 1671 och 1693, något som ledde till ansträngda relationer mellan Paris och Stockholm.

Adolf Johan med maka flyttar nu från Neustadt, där man hittills bott under vistelsen i Pfalz. Det blir till Regensburg, för det är där den tyska riksdagen ska samlas. Nu har frågan om vem som har rätten till Rixingen, som Adolf Johan tiodigare anfallit, nått högsta instans , dvs tyska riksdagen. Här framträdde Adolf Johan med sin yngste son Gustav Samuel Leopold inför de församlade och la fram sina anspråk på Rixingen. Man fick inte igenom sina krav.

Sedan tidigare hade man förlorat Neukastel, sedan det Guttenbergska arvet, Katharinenburg och nu Rixingen. Kvar fanns bara det lilla Kleeburg. Han var nu en hertig nästan utan land. Familjen åkte nu 1678 hem till Stegeborg.

Det hade varit fredligt här i Pfalz-Zweibrücken efter trettiåriga kriget men nu satte det s k fransk-nederländska kriget igång och det för Adolf Fredriks återstående lilla slott Kleeburg förstördes totalt år 1679. Även Karl XI:s Katrineneburg togs i anspråk av armén , men skonades denna gång.

Nu skulle allt land väster om Rehn bli franskt. Franske kungen krävde av grevar och hertigar att man skulle avsvära sig från den tyske kejsaren och erkänna sig som franska vasaller. Dessutom måste alla lutheraner konvertera till katolisisismen. Alla utom Adolf Johans kusin Fredrik Ludwig i Zweibrücken accepterade. Det medförde ett ursinnigt blodbad och städer och byar förstördes . Befolkningen fördrevs. Det skedde också i Neukastel.

Nu ansåg Adolf Fredrik att han hade en chans att återvinna land nere i Pfalz och efter att bara ha varit hemma i Stegeborg några månader , så gick resan söderut igen år 1680. Han bosatte sig I Strassburg. Pläderade öppet , att han hade företräde framför kung Karl XI till Zweibrücken. Han kontaktade Ludvig XIV och erkände honom som sin kung. Via advokat hade han kontakt med det franska hovet. Han åkte till Paris och förhandlade med den franska regeringen. Dock drog allt ut på tiden, så han åkte hem till Stegeborg igen. Men hemkommen så dör nu hans kusin pfalzgreven Fredrik Ludvig och det blir klart att Karl XI ska ärva Pfalz Zweibrücken år 1681. Kungen var nog till en del skyldig, att hans ärvda land låg i ruiner, för han hade påverkat sin släkting att göra motstånd mot Frankrike. Man kan påstå att det varit krig här mest hela tiden under 50 år och befolkningen hade minskat med ca 90 %.

Ett klart problem med det ärvda landet var den "lilla detaljen" att det var ockuperat av Frankrike. Maktövertagandet var därmed oklar. Ludvig XIV ville inte ha vår stomaktskung som granne och erbjöd sig att köpa Pfalz-Zweibrücken. Karl XI antog inte erbjudandet.

Då dyker vår käre rätthaverist Adolf Johan upp på scenen igen. Han har ännu inte gett upp. Han ser fortfarande en chans att komma över Zweibrücken. September 1681 reser han söderut igen och anländer snart Stadecken. Sedan reser han även till Metz i Lothringen, där Ludvig XIV befinner sig med alla pfalziska furstar.

Nu kan man nog säga att det var ett försök till en kupp, för förutom att Adolf Johan avlade sin trohetsed inför kungen, så erkände han också Pfalz-Zweibrücken till att vara ett franskt län. Samtidigt kom en annan pfalzgreve, Christian II av Pfalz-Zweibrücken-Birkenfeld, med samma erbjudande. Ludvig XIV avböjde bådas erbjudande för nu hade det ingåtts ett politiskt förbund med Sverige och han var nu tvungen att lämna över landet till Karl XI.

Men lite grus i maskineriet kunde den franska kungen ordna. Formellt överlämnades Pfalz-Zweibrücken till Karl XI i slutet av 1681. Dock fick inte Karl XI själv utse guvernör, utan den skulle Frankrike utse, och då utsågs ovan nämnda konkurrent till Adolf Fredrik, nämligen Christian II av Pfalz-Zweibrücken-Birkenfeld. Det såklart till de båda svenskarnas förtret.

Ändå reste sedan Adolf Johan på nyåret 1682 till Paris för att söka företräde hos Ludvig XIV. Bodde kvar där vid hovet till september, men något företräde inför kunligheten lär det inte ha blivit. Så nu hemresa för att slicka såren och för att leva fattigt. Han dog sedan på Stegeborg år 1689. Familjen Stenbock, som hade stora innestående krav på Adolf Johan, såg nu till att Stegeborgs inventarier såldes, för att få in så mycket som möjligt av vad Adolf Johan var skyldig Stenbockarna.

Guvernören Christian II av Pfalz-Zweibrücken-Birkenfeld, spelade dubbelspel som om han dubbelagent för både Karl XI och Ludvig XIV. Samtididigt som han skodde sig på statskassan.

Först år 1693, efter det att fransmännen inte längre kontrollerade området, kunde Karl XI själv utse en administratör för Pfalz – Zweibrücken.

Vem ärver nu når våra kungar dör?

År 1697 skedde det riktigt faktiska överlämnadet efter freden i Rijswijk mellan Frankrike och Nederländerna . Samma år dör Karl XI. Så varken han eller den besvärlige farbror Adolf Johan kom i åtnjutande av Pfalz –Zweibrücken.

Karl XI   Karl XII

Och vem ärver nu efter Karl XI? Jo, såklart vår kung Karl XII! Den siste administratören, som Karl XII utser är en tidigare kung ifrån Polen Stanisławl Leszczyński.   Han blev med svenskarnas påtryckning kung i Polen efter det att Karl XII besegrat Polen och vänt sig mot Ryssland. Han var här administratör mellan 1714-20. Sedan kom han under en period bli kung i Polen en kort omgång till.

Men vart tog det lilla underhållslandet Kleeburg vägen? Det fanns ju kvar i Adolf Johans ägo när han dog. Ärvdes då av han äldste son, som kallade sig prins Adolf Johan (den yngre) av Pfalz-Zweibrücken, född 1666 i Bergzabern, hertig av Kleeburg. Han gjorde militär karriär och kom att delta i slaget vid Narva år 1700. Skadades då och avled sedan i fältsjukan i Lais år 1701. Han innehade alltså Kleeburg under 12 år.

Nu ärver hans yngre bror Kleeburg och Görvelns gård från prins Adolf Johan (den yngre). Det är då prins Gustav Samuel Leopold av Pfalz-Zweibrücken född 1670 på Stegeborg. Även Gustav, har varit hårt ansatt av dålig ekonomi. Han har konverterat till katolisismen för att kunna göra karriär i Tyskland. Men i och med arvet som medför ca 4000 daler årligen så förbättras ekonomin något.Han bosätter sig i Strassburg.

Nu skulle han kunna gifta sig. Helst rikt, för det behöver han. Han finner, och friar till Dorothea av Veldenz. Båda är avlägset släkt med Gustav Vasa. Gustav är nu 31 år gammal och Dorothea 12 år äldre. Men nu är det så att hon är protestant och det tar sex år innan påven ger sitt tillstånd för äktenskap. Bröllopp på slottet Bergzabern år 1707. Dorothea var nu alltså 49 år gammal. Äktenskapet betraktades som en skandal. Ansågs självklart att Gustav gifte sig för hennes förmögenhet och inga ättlingar till Kleeburg och Zweibrücken var möjliga för ättens fortbestånd. Dorothea var stormrik arvtagerka utan syskon.

Gustav är nu rik och han får även vissa representativa uppdrag av Karl XII. Ett uppdrag är att lägga grundstenen till den protestantiska Karlskyrkan i Zweibrücken som blir klar 1711. Den bombas under andra världskriget, men återuppbyggdes under 1960-talet. Svenska riksvapnet finns idag över huvudportalen.

Gustav Samuel Leopold av Pfalz-Zweibrücken. 1670–1731

När Karl XII dör 1718, så ärver hans kusin, Gustav, Zweibrücken. Kungen har inga manliga ättlingar och han syster drottning Ulrika Elonora är ju kvinna, och enligt de tyska lagarna får det inte finnas någon kvinnlig regent i dessa länder. För här fanns inte kvinnlig tronföljd. Men nu kommer ändå Zweibrücken fortfarande vara i ättens ägo, vilket Gustavs far, Adolf Johan, så hett eftertraktade men misslyckades med.

Som hertig av Pfalz-Zweibücken lever Gustav i sus och dus. Bygger dock upp det härjade landet. Lär ha varit en otrevlig person med skandaler. När det sedan passade så skilde han sig från sin Dorothea och gifte om sig med sin älskarinna , grevinnan Luise Dorothea. Dom bosatte sig i ett stort palats i Zweibrücken , som dom nu lät uppföra. Palatset förstördes vid ett bombangrepp 1945 men byggdes till det yttre upp efter originalplanerna och är nu hemvist för hovrätten i Pfalz.

Slottet i Zweibrücken idag.

Gustav dör 1731 och landet övergick nu till pfalziskt avlägsen släkting. Se regentlängden längst bak i boken.

Nu bröts därmed kontakterna mellan Sverige och Pfalz. Dock kom den svenska regeringen att hävda sin rätt till det lilla underhållslandet Kleeburg , ända fram till år 1787.

Orienterande karta

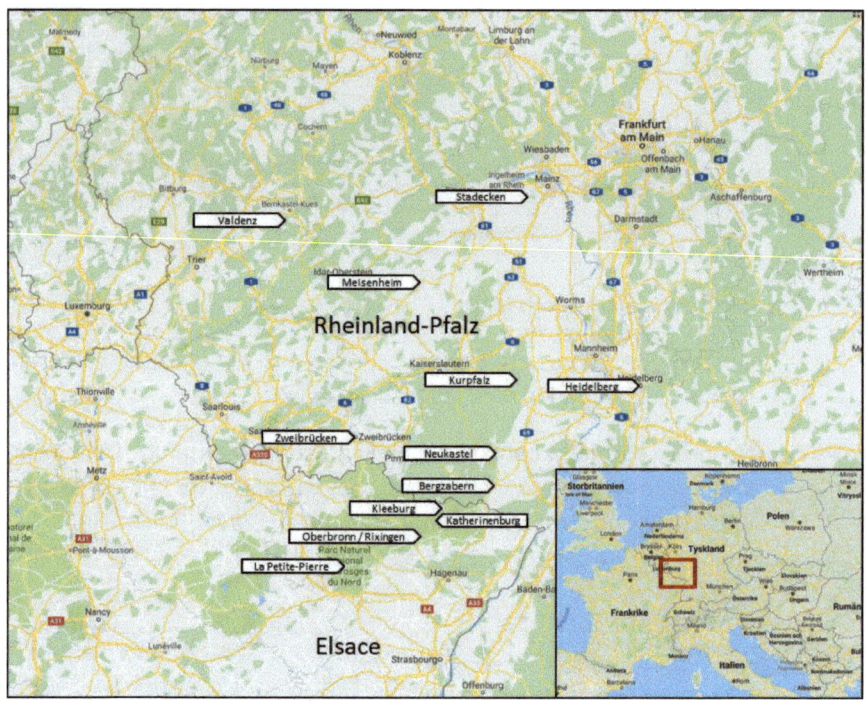

Hertigdömet Pfalz-Zweibrücken

Regentlängd 1569–1797

Johan I (1550–1604), hertig 1569–1604

Johan II (1584–1635), hertig 1604–1635, son till Johan I

Fredrik I (1616–1661), hertig 1635–1661, son till Johan II

Fredrik II Ludvig (1619–1681), hertig 1661–1681, sonson till Johan I

Karl XI av Sverige, (1655–1697), hertig 1681–1697, sonsonson till Johan I

Karl XII av Sverige, (1682–1718), hertig 1697–1718, son till Karl XI

Gustav Samuel Leopold (1670–1731), hertig 1718–1731, sonsonson till Johan I och brorson till Karl X Gustav av Sverige

Interregnum 1731–1734 Menas i avvaktan på ny regent.

Kristian III (1674–1735), hertig 1734–1735, brorsons sonson till Johan I

Kristian IV (1722–1775), hertig 1735–1775, son till Kristian III

Karl III August (1746–1795), hertig 1775–1795, brorson till Kristian IV

Maximilian Josef (1756–1825), hertig 1795–1797, bror till Karl III August

Källmaterial:

Historien om Sverige , flera böcker	HermanLindqvist
Karl IX, Företagsfursten & enväldshärskaren	Lennart Hedberg
Karl X Gustav, En biografi	Björn Asker
Pinntorpafruns minnen	Knut Bonde
Adolf Johan, Karl X Gustavs bror	Ulrich Lange
Broschyr om Stegeborg	Utgivare okänd
Offentliga uppgifter på "nätet"	
Från egen hjärna, uppsnappat genom åren	